Neue Laternen für Jungs

Ein Ereignis, auf das sich alle Kinder freuen, ist der Laternenumzug zu Sankt Martin. Dafür muss natürlich die ganz persönliche Lieblingslaterne gefunden werden. Und weil sich Jungs für ganz andere Motive begeistern können als Mädchen, finden Sie in diesem Buch eine große Auswahl an Laternen nur für Jungs: Ein kleiner Torkönig, ein raubeiniger Pirat, ein grünes Beulenmonster, ein Flugsaurier aus ferner Urzeit ... oder doch lieber ein gruseliger Totenkopf? Keine leichte Entscheidung!

Welche Laterne auch immer das Rennen macht, kleine Jungs werden nicht nur Freude an der fertigen Laterne haben, sondern auch mit Feuereifer beim Basteln mithelfen. Viel Spaß dabei!

Die Motive lassen sich in folgende Schwierigkeitsgrade unterteilen:

○ ○ ○ einfach ○ ○ ○ etwas schwieriger ○ ○ ○ anspruchsvoll

GRUND-AUSSTATTUNG

Folgende Materialien und Werkzeuge werden für die meisten im Buch gezeigten Modelle benötigt. Sie werden in den einzelnen Materiallisten nicht mehr gesondert aufgeführt:

- Transparentpapier
- Pappe (für Schablonen)
- Bleistift
- Radiergummi
- Cutter mit geeigneter Schneideunterlage
- Lineal
- Zirkel
- Schere
- Nagelschere
- Zackenschere
- wasserfester Filzstift in Schwarz
- Lackmalstift, Plusterfarbe oder Windowcolor-Konturenfarbe in Weiß
- Buntstift in Rot
- Pinsel
- Serviettenkleber
- Heißkleber
- Alleskleber, z. B. UHU
- Zange
- batteriebetriebene Laternenstäbe oder Kerzen mit entsprechender Halterung

Hinweis: Als „Rest" wird immer ein Stück bezeichnet, das kleiner als A5 ist.

So wird's gemacht

Motiv-Laternen

1 Das Transparentpapier auf die Vorlage legen und die Konturen mit Bleistift übertragen. Anschließend das Transparentpapier auf ein Stück Pappe kleben und ausschneiden. Die fertige Schablone auf das gewünschte Material legen und die Umrisse mit einem Bleistift umfahren. Anschließend sorgfältig entlang der Linien ausschneiden. Für gerade Schnitte empfiehlt es sich, einen Cutter auf geeigneter Schneideunterlage zu benutzen. Abgerundete Formen mit einer kleinen Nagelschere zurechtschneiden.

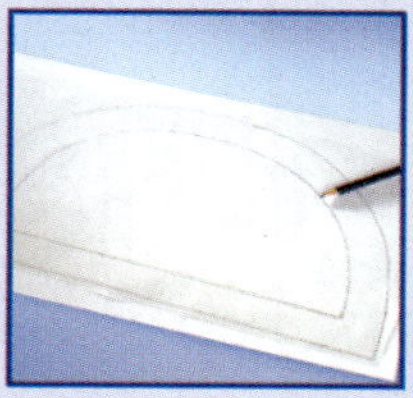

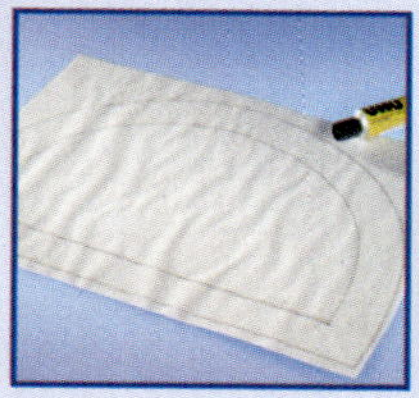

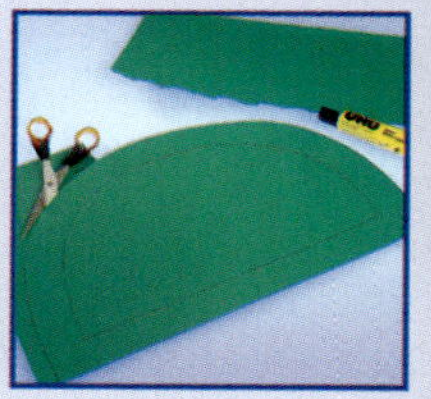

Wichtig: Die durchscheinenden Motivteile (aus Windradfolie oder Transparentpapier) immer ein wenig größer (ca. 5 mm) als den Motivausschnitt zuschneiden.

Seitenteile, die nicht achsensymmetrisch sind, müssen einmal spiegelverkehrt gearbeitet werden.

2 Die Einzelteile bemalen und zusammenkleben. Die Gesichter mit einem wasserfesten schwarzen Filzstift aufmalen. Für die Lichtpunkte in den Augen Lackmalstift, Plusterfarbe oder Windowcolor in Weiß verwenden. Zum Röten der Wangen mit einem Cutter Späne von einem roten Buntstift abschaben, mit dem Finger aufnehmen und auf das Gesicht reiben.

3 Den Mittelstreifen der Laterne mit einem Cutter gemäß den Angaben ausschneiden. Ca. 7 mm von beiden Rändern entfernt mit dem Cutter einen Randstreifen leicht einritzen. Auf diesem anschließend Zacken bis zur Linie einschneiden und umknicken. Nun Stück für Stück zurechtbiegen und mit Heißkleber zwischen die Seitenteile kleben. Die Ansatzpunkte für den Mittelstreifen sind in der Vorlage mit Pfeilen (⟼) gekennzeichnet.

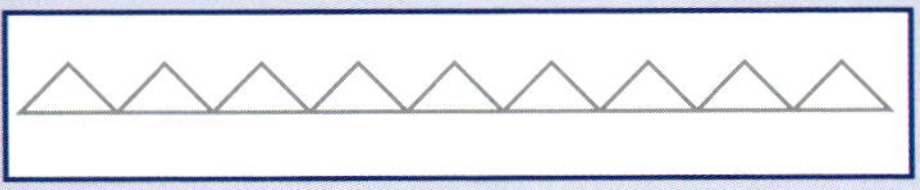

4 Vor dem Anbringen des Laternenbügels die Laterne zwischen den Fingern ausbalancieren. Den Mittelstreifen der Laterne oben auf beiden Seiten mit dem Cutter oder Zirkel durchstechen, den Laternenbügel durchziehen und die Enden an den Innenseiten umknicken. Bei einigen Laternen ist die Aufhängung aus Papierdraht, da die Laternen sehr breit sind. Diesen in die gestochenen Löcher stecken und die Enden verdrehen.

5 Zur Beleuchtung der Laterne eine Kerzenhalterung mittig am Laternenboden anbringen. Hierzu mit einem Cutter kleine Schlitze in den Laternenboden stechen, die Kerzenhalterung durchziehen und die Enden auf der Außenseite der Laterne umbiegen. Als sicherere Alternative die Laterne mit einem elektrischen Laternenstab beleuchten.

Hinweise: Bei einigen Laternen wurden Laternenschachteln verwendet. Diese bestehen aus einem Boden- und einem Oberteil. Um diese herum wird die Windradfolie geklebt. Zum Anbringen des Laternenbügels auf zwei gegenüberliegenden Seiten in die Mitte des Schachtelrandes mit dem Cutter ein Loch stechen.

Da bei manchen Laternen der Boden zu uneben ist, ist es empfehlenswert, anstatt einer Kerze mit Halterung einen elektrischen Laternenstab zu verwenden. Außerdem schützt diese Alternative vor Brandgefahr und allzu häufig ausgehenden Lichtern! Zudem lässt sich die Laterne so auch nach dem Laternenlauf das ganze Jahr über z. B. als Nachtlicht im Kinderzimmer verwenden.

Bei vielen Laternen reicht es, wenn Sie nur eine Seite komplett gestalten. Die ohnehin kaum sichtbare Rückseite kann schlichter gearbeitet werden.

Ballon-Laternen

1 Das Seidenpapier in ca. 5 cm x 5 cm große Stücke reißen. Den aufgeblasenen Luftballon mit Kleister einstreichen. Die Seidenpapierstücke in mehreren Schichten daraufkleben. Ca. einen Tag lang trocknen lassen.

2 Den Ballon mit einer Nadel aufstechen. Die Öffnung der Laterne mit einer kleinen Schere den jeweiligen Angaben gemäß zuschneiden und die Reste des Ballons herauslösen. Dann an zwei gegenüberliegenden Stellen mit dem Cutter oder Zirkel ein Loch stechen und den Bügel oder Draht anbringen.

Spinne

→ mit haarigen Beinen

MOTIVHÖHE
ca. 35 cm

MATERIAL

- Luftballon
- Fotokartonreste in Gelb, Schwarz und Weiß
- Seidenpapier in Rot, 5 x A3
- Wattekugel in Weiß, ø 5 cm
- Acrylfarbe in Schwarz
- Windowcolor-Konturenfarbe in Schwarz
- schwarzer Langhaarplüsch, 40 cm x 30 cm
- Chenilledraht in Schwarz, 6 x 50 cm lang
- Tapetenkleister
- Laternenbügel

VORLAGEN-BOGEN 3B

1 Den Luftballon auf eine Größe von ca. 25 cm x 28 cm aufblasen. Den Tapetenkleister anrühren und ziehen lassen. Das Seidenpapier in gleich große Stücke (ca. 5 cm x 5 cm) reißen und in mehreren Schichten auf den Ballon kleben.

2 Den Ballon zerstechen, mit einer kleinen Schere eine Öffnung (ca. ø 12 cm) ausschneiden und die Ballonreste herauslösen. Augen und Zähne aus Fotokarton ausschneiden. Die Wattekugel mit einem Messer halbieren und eine Hälfte schwarz anmalen. Das Gesicht bekleben und den Mund mit Windowcolor-Konturenfarbe aufmalen.

3 Für die Spinnenbeine die Chenilledrahtstücke in der Mitte knicken und umeinanderschlingen. Den Langhaarplüsch in sechs Stücke (32 cm x 4 cm) schneiden und um den Chenilledraht kleben. Anschließend zurechtbiegen und mit Heißkleber am Ballon befestigen.

4 Für die Haare ein Stück Langhaarplüsch (6 cm x 7 cm) zuschneiden und auf den Ballon kleben. Den Laternenbügel anbringen.

Wilde Tiere

→ gar nicht gefährlich

MOTIVHÖHE
Löwe ca. 28 cm
Zebra ca. 36 cm

MATERIAL
LÖWE
- Fotokarton in Gelb und Orange, je 50 cm x 70 cm
- Fotokartonstreifen in Gelb, 50 cm x 12 cm
- Fotokartonreste in Rot, Schwarz und Rosa
- Transparentpapier in Gelb, A3
- Papierdraht in Gelb, 20 cm und 28 cm lang

ZEBRA
- Laternenschachtel, ø 15 cm
- festes Transparentpapier mit Zebramuster, 53 cm x 21 cm
- Wellpappe in Schwarz, 2 x 53 cm x 2,5 cm
- Fotokartonreste in Weiß und Türkis
- Wolle in Schwarz, 17 x 3,5 cm lang
- Papierdraht in Weiß, 30 cm lang

VORLAGENBOGEN 3B

Löwe

1 Alle Teile gemäß der Vorlage zuschneiden.

2 Die Ohren mittig einschneiden und etwas versetzt wieder zusammenkleben. Je ein rosa Innenohr einsetzen und am Kopf fixieren. Das Seitenteil mit gelbem Transparentpapier hinterkleben.

3 Für das Gesicht eine rote Nase und schwarze Augen anfertigen und aufkleben, den Rest mit Filzstift gestalten.

4 Für die Rückseite einen gelben Fotokartonring mit Transparentpapier hinterkleben. Die Schwanzspitzen beidseitig um den 20 cm langen Papierdraht kleben und diesen an der Rückseite befestigen.

5 Die Seitenteile mit dem Mittelstreifen (50 cm x 12 cm) verbinden und den Laternenbügel einhängen.

Zebra

1 Das Zebrapapier um die Laternenschachtel kleben. Die Ränder mit den schwarzen Wellpappestreifen kaschieren. Zwei Löcher bohren und den Laternendraht befestigen.

2 Den Kopf des Zebras ausschneiden und wie auf dem Foto abgebildet bemalen. Von hinten die Wollstücke anbringen.

3 Aus türkisfarbenem Fotokarton einen Streifen (3 cm x 18,5 cm) schneiden, mittig knicken und die Enden mehrmals einschneiden. Den so entstandenen Schal am Zebrakopf befestigen und diesen an der Laterne fixieren.

Pirat

→ **Fertig machen zum Entern!**

MOTIVHÖHE
ca. 42 cm

MATERIAL
- Fotokarton in Schwarz, 50 cm x 70 cm
- Fotokartonstreifen in Schwarz, 54 cm x 14 cm
- Fotokartonreste in Rot, Weiß, Hautfarbe, Braun und Silber
- Fotokarton in Gelb, A4
- Windradfolie, 0,2 mm stark, A3
- Strohseide in Weiß und Blau, A3
- Bast in Natur, 2 x 15 cm lang
- Bambusstab in Natur, ø 1 cm, 6 cm lang
- Plusterstift oder Windowcolor in Rot
- Schlüsselring in Silber, ø 2,4 cm
- Laternenbügel

VORLAGENBOGEN 1B

1 Das Seitenteil, die Windradfolie und die Strohseide doppelt, alle anderen Teile einzeln zuschneiden. Die weiße Strohseide mit Serviettenkleber auf die Windradfolie aufziehen, die blauen Streifen (2 cm breit) im Abstand von ca. 3 cm aufkleben und trocknen lassen.

2 Die übrigen Teile zusammenfügen. Wangen und Nase röten, die Schnur der Augenklappe aufzeichnen, den Mund mit Plusterstift oder Windowcolor in Rot aufmalen. Das rote Kopftuch mit weißen Punkten versehen. Den Säbel in die linke Hand des Piraten kleben, diese umknicken und fixieren. Den Bast um die Hosenbeine binden und die Enden verknoten. Den Bambusstab hinter ein Hosenbein kleben, am anderen den Fuß befestigen. Alle Teile an der Laterne befestigen.

3 Die Seitenteile mit dem Mittelstreifen (54 cm x 14 cm) verbinden und den Laternenbügel einhängen.

Für kleine Sportsfreunde

→ Fußballer & Rennwagenfahrer

MOTIVHÖHE
Fußballer ca. 35 cm
Rennwagenfahrer ca. 21 cm

MATERIAL FUSSBALLER
- Fotokarton in Schwarz, 50 cm x 70 cm
- Fotokartonstreifen in Schwarz, 49 cm x 14 cm
- Fotokartonreste in Blau, Gelb, Hautfarbe, Beige, Weiß und Rot
- Strohseide in Weiß, A3
- Strohseide in Schwarz, A4
- Metallfolienrest in Silber
- Prägestift oder Kugelschreiber
- Satinband in Gelb und Orange, 5 mm breit, je 20 cm lang
- Lederband in Braun, 3 mm breit, 2 x 25 cm lang
- Laternenbügel

RENNWAGENFAHRER
- Fotokarton in Weiß, 70 cm x 50 cm
- Fotokartonstreifen in Weiß, 35 cm x 12 cm
- Fotokartonreste in Rot, Orange, Dunkelblau, Türkis, Gelb und Hautfarbe
- festes Transparentpapier in Hellblau, A3
- Papierdraht in Weiß, 37 cm lang
- Buntstifte in Blau und Braun
- Klebepads

VORLAGENBOGEN
2A + 3A + 3B

Fußballer

1 Das Seitenteil, die Strohseide und die Windradfolie doppelt, alle anderen Fotokartonteile einmal ausschneiden.

2 Die weiße und schwarze Strohseide mit Serviettenkleber auf die Windradfolie aufziehen und trocknen lassen. Die Linien zwischen den Lederflicken mit einem dünnen, wasserfesten Stift und einem Lineal nachziehen. Die Windradfolie hinter die Seitenteile kleben.

3 Das Gesicht aufmalen, Wangen und Nase rot schattieren. Das Pflaster mit vier Punkten bemalen und aufkleben. Alle Fotokartonteile zusammenfügen und an einem Seitenteil befestigen. Das Lederband durch die Löcher in den Schuhlaschen ziehen, verknoten und die Enden zu einer Schleife binden. Die Siegermedaillen aus Metallfolie ausschneiden und von der Rückseite mit einem Prägestift oder Kugelschreiber prägen. An den Satinbändern befestigen und diese um den Hals des Fußballers legen.

4 Die Seitenteile mit dem Mittelstreifen (49 cm x 14 cm) verbinden und den Laternenbügel einhängen.

Rennwagenfahrer

1 Das Seitenteil zweimal, alle anderen Teile gemäß Vorlage ausschneiden. Die Seitenteile mit schwarzem Filzstift bemalen. Hierzu mit einem Lineal waagerechte und senkrechte Linien ziehen und im Schachbrettmuster gestalten. Mit hellblauem Transparentpapier hinterkleben.

2 Das Gesicht des Fahrers von hinten an die Helmöffnung kleben und anschließend mit Filz- und Buntstiften bemalen. Das Rennauto wie abgebildet zusammenfügen und gestalten.

3 Die Seitenteile mit dem Mittelstreifen (35 cm x 12 cm) verbinden. Den Rennwagen mit Klebepads in der unteren Ecke eines Seitenteils platzieren.

4 Den Laternenbügel einhängen.

Tipp: Natürlich können Sie auch für die Rückseite einen Rennwagen anfertigen. Arbeiten Sie ihn dann spiegelverkehrt.

Grünes Beulenmonster

→ wenig hübsch, aber liebenswert

MOTIVHÖHE
ca. 26 cm

MATERIAL
- Luftballon
- Alufolie
- Seidenpapier in Hellgrün, 5 x A2
- Fotokartonreste in Schwarz, Gelb, Rot und Weiß
- Metallfolienrest in Silber
- Chenilledraht in Gelb und Rot, ø 7 mm, je 12 cm lang
- Windowcolor-Konturenfarbe in Schwarz
- Klebeband
- Tapetenkleister
- Laternendraht

VORLAGENBOGEN 1B

1 Den Luftballon auf eine Größe von ca. 25 cm x 28 cm aufblasen. Die Alufolie zu Kugeln (Beulen) unterschiedlicher Größe formen und nach Belieben mit Klebeband auf dem Ballon befestigen.

2 Den Tapetenkleister anrühren und ziehen lassen. Das grüne Seidenpapier in gleich große Stücke reißen (ca. 5 cm x 5 cm). Mit Tapetenkleister mehrere Schichten des grünen Seidenpapiers auf den Ballon kleben. Den Ballon zerstechen und mit einer kleinen Schere eine Öffnung (ca. ø 13 cm) ausschneiden. Die Ballonreste und die Alufolie von der Innenseite lösen.

3 Alle Fotokartonteile ausschneiden und bemalen. Den Mund mit Windowcolor-Konturenfarbe aufmalen und alle Teile des Monstergesichts aufkleben. Den Laternenbügel einhängen.

4 Den Chenilledraht spiralförmig um einen Bleistift wickeln. Die Enden des Chenilledrahtes nach ca. 1 cm umknicken und die Wurmköpfe ankleben. Zwei Stücke Metallfolie (ca. 3 cm x 3 cm) mit der Schere fransig einschneiden und hinter die Köpfe kleben. Mit dem Cutter eine Beule zweimal durchstechen, die Chenilledrähte durchstecken und auf der Innenseite festkleben.

Totenkopf

→ mit Kopftuch und Augenklappe

MOTIVHÖHE
ca. 28 cm

MATERIAL
- Fotokarton in Schwarz, 50 cm x 70 cm
- Fotokartonstreifen in Schwarz, 48 cm x 14 cm
- Fotokarton in Rot und Weiß, A4
- Windradfolie, 0,2 mm stark, A3
- Strohseide in Weiß, A3
- 24 Strasssteine in Transparent, ø 5 mm
- Motivlocher: Kreis (ø 1,2 cm)
- Laternenbügel

VORLAGENBOGEN 2B

1 Das Seitenteil, die Windradfolie und die Strohseide doppelt, alle anderen Teile gemäß Vorlage einmal ausschneiden.

2 Die Strohseide mit Serviettenkleber auf die Windradfolie aufziehen. Nach dem Trocknen die Seitenteile damit hinterkleben. Alle übrigen Teile zusammenfügen und auf bzw. hinter einem Seitenteil befestigen. Die Augenklappe wie auf dem Foto abgebildet mit Strasssteinen und das Tuch mit weißen Punkten und schwarzen Streifen verzieren.

3 Die Seitenteile mit dem Mittelstreifen (48 cm x 14 cm) verbinden und den Laternenbügel einhängen.

Roboter und Polizeiauto

→ Ganz schön cool!

MOTIVHÖHE
Roboter ca. 20 cm
Polizeiauto ca. 19 cm

MATERIAL ROBOTER

- Laternenschachtel, ø 15 cm
- festes Transparentpapier mit Flammenmuster in Rot-Gelb, 53 cm x 21 cm
- Wellpappe in Rot, 2 x 53 cm x 2 cm, und in Gelb, 2 x 53 cm x 2,5 cm
- Fotokartonreste in Schwarz und Silber
- Glanzpapierreste in Rot, Gelb und Dunkelblau
- Lackmalstift in Silber
- Laternenbügel
- Klebepads

POLIZEIAUTO

- Fotokarton in Silber, 70 cm x 50 cm
- Fotokartonstreifen in Silber, 35 cm x 12 cm
- Transparentpapier in Dunkelblau, A4
- festes Transparentpapier in Hellblau, A4
- Fotokartonreste in Dunkelblau, Schwarz und Gelb
- Lackmalstift in Silber
- Laternenbügel
- Klebepads

VORLAGENBOGEN 2A

Roboter

1 Alle Teile gemäß Vorlage ausschneiden. Den Roboter mit Fotokarton- und Glanzpapierelementen gestalten. Mit Lackmalstift wie auf dem Foto abgebildet bemalen.

2 Die Waffen ebenfalls aus Fotokarton anfertigen, mit Filzstift verzieren und auf die Hände des Roboters kleben.

3 Das Transparentpapier um die Laternenschachtel kleben. Mit den gelben Wellpappestreifen die Übergänge kaschieren, dann mit den beiden roten Streifen verzieren. Den Roboter mit Klebepads auf der Laterne fixieren.

4 Den Laternenbügel einhängen.

Polizeiauto

1 Das Auto zweimal, alle anderen Teile gemäß Vorlage ausschneiden. Die Fenster mit hellblauem, den Rest mit dunkelblauem Transparentpapier hinterkleben.

2 Die Räder, die Radkappen und die Kotflügel mit Klebepads auf das Auto kleben. Das Martinshorn blau hinterkleben und ebenfalls befestigen. Mit dem Lackmalstift den Schriftzug aufmalen.

3 Die Seitenteile mit dem Mittelstreifen (35 cm x 12 cm) verbinden. Dazu an der Heckscheibe beginnen und an den Ecken den Mittelstreifen leicht knicken. Nach dem Trocknen Front- und Heckscheibe einschneiden und Hellblau hinterkleben.

4 Den Laternenbügel einhängen.

POLIZEI

Geisterschloss und Kürbisschreck

→ Schön schaurig!

MOTIVHÖHE
Geisterschloss ca. 30 cm
Kürbisschreck ca. 26 cm

MATERIAL GEISTERSCHLOSS

- Boden einer Laternenschachtel, ø 15 cm
- Fotokarton in Schwarz, 70 cm x 50 cm
- Fotokartonrest in Rot
- Transparentpapierreste in Rot, Gelb, Hellblau und Rot marmoriert
- Nachtleuchtpapier, A4
- Windowcolor in Glitzersilber
- Aluminiumdraht, 30 cm lang

KÜRBISSCHRECK

- Fotokarton in Orange, 50 cm x 70 cm
- Fotokartonstreifen in Orange, 57 cm x 12 cm
- festes Transparentpapier in Gelb-Orange, 50 cm x 70 cm
- Fotokartonreste in Hellgrün, Rot und Schwarz
- Papierdraht in Hellgrün, 2 x 15 cm und 40 cm lang
- Buntstifte in Orange und Grün
- Klebepads

VORLAGENBOGEN 1A + 3A

Geisterschloss

1 Das Schloss gemäß Vorlage übertragen und ausschneiden. Mit Windowcolor in Glitzersilber die Konturen der Fenster, Dächer und Zinnen verzieren und gut trocknen lassen.

2 Fünf Geister aus Nachtleuchtpapier anfertigen. Jedes mit einer roten Nase und lustigen Gesichtern versehen. Beim Ankleben darauf achten, dass sie teils aus Fenstern oder hinter Mauern hervorschauen oder die Hände auf dem Fenstersims aufliegen lassen.

3 Jedes Fenster mit buntem Transparentpapier hinterkleben. Das Schloss um den Laternenboden kleben und Aluminiumdraht als Bügel anbringen.

Kürbisschreck

1 Alle Teile zweimal ausschneiden. Die Seitenteile mit Transparentpapier hinterkleben.

2 Stiel, Augen, Nase und Mund mit Bunt- und Lackmalstiften verzieren und mit Klebepads auf dem Kürbis platzieren. Den 15 cm langen Papierdraht kringeln und von hinten am Kürbis fixieren.

3 Die Seitenteile mit dem Mittelstreifen (57 cm x 12 cm) verbinden und den Laternenbügel einhängen.

Indianer

→ Rothaut in grünem Gewande

MOTIVHÖHE
ca. 30 cm

MATERIAL
- Fotokarton in Grün, 50 cm x 70 cm
- Fotokartonstreifen in Grün, 43 cm x 12 cm
- Fotokartonreste in Hautfarbe, Schwarz, Orange, Gelb, Hellbraun und Grau
- festes Transparentpapier in Hellgrün-Grün, A3
- Bast in Natur, 2 x 14 cm und 10 cm lang
- Holzperlen in 4 x Hellgrün und 4 x Grün, ø 8 mm
- irisierende Acryl-Halbperlen in 2 x Orange und 1 x Hellgrün, ø 1 cm, sowie in 4 x Blau, 4 x Gelb und 3 x Rot, ø 6 mm
- Schaschlikstäbchen, 20 cm lang
- Papierdraht in Hellgrün, 45 cm lang
- Klebepads

VORLAGENBOGEN 2B

1 Die Seitenteile und den Kragen zweimal, alle übrigen Teile gemäß Vorlage ausschneiden. Die Seitenteile mit Transparentpapier hinterkleben. Die Vorderseite mit Zickzacklinien und Punkten verzieren, die Halbperlen aufkleben.

2 Die Nase mit rotem Buntstift färben und mit Klebepads im Gesicht platzieren. Alle anderen Teile wie abgebildet zusammenfügen, gestalten und am Seitenteil fixieren. Die Rückseite mit dem zweiten gelben Kragen bekleben, ansonsten nicht gestalten.

3 Links und rechts die Hände fixieren. Die beiden Speerspitzen an das Schaschlikstäbchen kleben und mit dem 10 cm langen Baststück festbinden. Den Speer in die linke Hand geben.

4 Auf die beiden anderen Baststücke abwechselnd zwei hellgrüne und grüne Perlen fädeln und an einem Ende die Schuhe festknoten. Das andere Ende mit einem Knoten sichern und von hinten an den Körper des Indianers kleben.

5 Die Seitenteile mit dem Mittelstreifen (43 cm x 12 cm) verbinden und den Laternenbügel einhängen.

Adler

→ König der Lüfte

MOTIVHÖHE
ca. 41 cm

MATERIAL
- Fotokarton in Beige, 70 cm x 50 cm
- Fotokartonstreifen in Beige, 46 cm x 14 cm
- Fotokarton in Schwarz, Weiß und Gelb, A4
- Windradfolie, 0,2 mm stark, A3
- Strohseide in Orange, A3
- 7 Federn in Schwarz, ca. 9 cm lang
- Laternenbügel

VORLAGENBOGEN 4A

1 Das Seitenteil, die Windradfolie, die Strohseide und die schwarzen Flügel doppelt, alle anderen Teile einmal ausschneiden. Die Strohseide mit Serviettenkleber auf die Windradfolie aufziehen, trocknen lassen und die Seitenteile damit hinterkleben.

2 Das Gesicht bemalen und die Wange rot schattieren. Die Federn unter den Kopf und hinter die Flügel kleben. Alle Teile zusammenkleben und auf den Seitenteilen anbringen.

3 Die Seitenteile mit dem Mittelstreifen (46 cm x 14 cm) verbinden und den Laternenbügel einhängen.

Römer

→ kleiner Held der Antike

MOTIVHÖHE
ca. 53 cm

MATERIAL

- Laternenschachtel, ø 15 cm
- Windradfolie, 52 cm x 27,5 cm
- Strohseide in Rot, 52 cm x 15 cm, und Hellbraun, 52 cm x 12,5 cm
- Fotokarton in Silber und Gelb, A3
- Fotokarton in Hautfarbe, A4
- Fotokartonreste in Rot, Schwarz und Braun
- 7 Nieten in Silber, ø 7 mm
- Perle mit Sonnenmotiv in Schwarz-Silber, ø 3 cm
- 5 Perlen in Silber, ø 1,5 cm
- Laternenbügel

VORLAGENBOGEN 4B

1 Die Strohseide mit Serviettenkleber auf die Windradfolie aufziehen. Nach dem Trocknen um die Laternenschachtel kleben.

2 Alle Fotokartonteile gemäß der Vorlage ausschneiden. Für den Gürtel und die abschließenden Ränder oben und unten je einen Streifen (52 cm x 3 cm) aus Fotokarton zuschneiden und aufkleben.

3 Die übrigen Fotokartonteile zusammenfügen, das Gesicht bemalen und die Wangen röten. Helm und Schutzschild an den vorgegebenen Stellen mit einem Cutter durchstechen, Nieten durchziehen und die Enden auf der Rückseite umbiegen.

4 Die Motivteile auf die Laterne kleben und den Schild sowie den Gürtel mit den Perlen verzieren. Den Laternenbügel anbringen.

Flugsaurier

→ aus ferner Urzeit

MOTIVHÖHE
ca. 40 cm (mit Beinen)

MATERIAL

- Käseschachtel, ø 9 cm
- Windradfolie, 0,2 mm stark, 32 cm x 20 cm
- Strohseide in Rotbraun, 32 cm x 20 cm
- Fotokarton in Orange und Beige, A4
- Fotokartonreste in Gelb, Weiß und Schwarz
- Chenilledraht in Schwarz, 2 x 17 cm (Arme), 2 x 14 cm (Beine) und 4 x 7 cm (Krallen) lang
- Laternenbügel

VORLAGENBOGEN 4B

1 Die Strohseide mit Serviettenkleber auf die Windradfolie aufziehen. Nach dem Trocknen um die Laternenschachtel kleben.

2 Die Fotokartonteile ausschneiden. Den Mund aufmalen, anschließend alle Teile zusammenkleben.

3 Für Arme und Beine je zwei Chenilledrahtstücke wie auf dem Foto abgebildet zurechtbiegen. Für die Krallen die kurzen Chenilledrahtstücke ca. 2 cm von den Enden entfernt um Arme und Beine schlingen. Die Beine an der Käseschachtel befestigen, die Arme auf die Flügel kleben.

3 Die Klebefläche der Flügel umknicken und ca. 5 cm vom oberen Rand entfernt aufkleben. Einen Streifen aus orangefarbenem Fotokarton (32 cm x 5 cm) mit der Zackenschere an einer Seite zuschneiden und am unteren Rand der Laterne festkleben. Gesicht und Kragen befestigen. Den Laternenbügel anbringen.

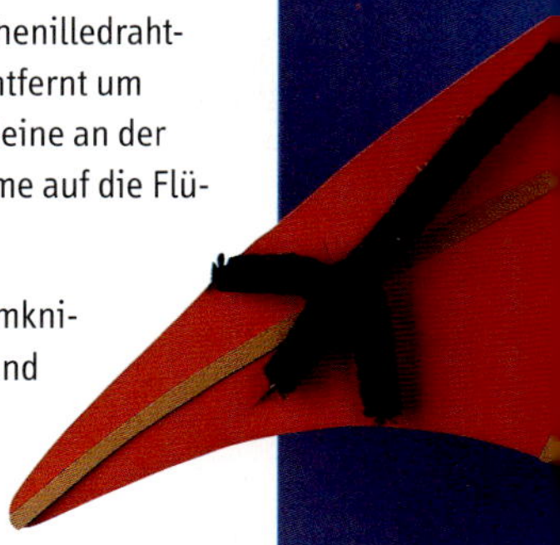

Drache

→ spielt mit dem Feuer

MOTIVHÖHE
ca. 38 cm

MATERIAL

- Fotokarton in Orange, 50 cm x 70 cm
- Fotokartonstreifen in Orange, 47 cm x 13 cm
- Fotokartonreste in Rot, Gelb, Schwarz, Weiß, Braun und Beige
- Fotokarton in Hellgrün, A4
- Regenbogentransparentpapier (Orange-Rot-Verlauf), A3
- Laternenbügel

VORLAGEN-BOGEN 3A

1 Das Seitenteil und das Transparentpapier doppelt, alle anderen Teile einmal ausschneiden. Die Seitenteile mit dem Transparentpapier hinterkleben.

2 Die anderen Teile bemalen, zusammenfügen und auf einem Seitenteil anbringen.

3 Die Seitenteile mit dem Mittelstreifen (47 cm x 13 cm) verbinden und den Laternenbügel einhängen.

Dracula und Zauberer

→ Geschöpfe der Nacht

MOTIVHÖHE
Dracula ca. 31 cm
Zauberer ca. 43 cm

MATERIAL DRACULA

- Laternenschachtel, ø 15 cm
- festes Transparentpapier in Rot marmoriert, 53 cm x 21 cm
- Wellpappe in Rot, 2 x 53 cm x 2,5 cm
- Fotokarton in Schwarz, 70 cm x 50 cm
- Fotokartonrest in Weiß
- Glitterpapierreste in Schwarz und Rot
- Windowcolor in Glitzersilber
- UHU kraft
- Laternenbügel

ZAUBERER

- Lampenschirmfolie, 1 mm stark, 35 cm x 35 cm
- Transparentpapier in Lila, 35 cm x 35 cm
- Fotokartonreste in Lila, Weiß, Hautfarbe, Gelb und Rot
- Papierdraht in Gelb, 8 cm und 20 cm lang
- Chenilledraht in Lila, 2 x 12 cm lang
- 2 Rohholzkugeln, halbgebohrt, ø 1,8 cm
- Motivlocher: Sterne (ø 1,5 cm und 2,5 cm)

VORLAGENBOGEN 4A + 4B

Dracula

1 Das Transparentpapier um die Laternenschachtel kleben und die Ränder mit den roten Wellpappestreifen kaschieren. Zwei Löcher für den Laternenbügel bohren und diesen anbringen.

2 Alle Teile gemäß der Vorlage ausschneiden. Die Ohren anfertigen, mittig einschneiden, etwas versetzt wieder zusammenkleben und von hinten am Kopf fixieren. Die rote Nase im Gesicht platzieren. Kopfbedeckung und Kragen ankleben.

3 Das Gesicht bemalen und die Flügel mit Windowcolor in Glitzersilber verzieren.

4 Den Kopf und die Flügel mit Kraftkleber an der Laterne befestigen.

Zauberer

1 Die Lampenschirmfolie mit dem Transparentpapier überziehen und nach Vorlage zuschneiden. Zu einer Tüte formen und mit Heißkleber zusammenkleben.

2 Alle Teile ausschneiden und den Kopf wie abgebildet zusammenfügen und gestalten. Den Stern an das 8 cm lange Papierdrahtstück kleben.

3 Die Holzkugeln an die Arme aus Chenilledraht kleben und diese mit Heißkleber am Mantel des Zauberers fixieren. Den Zauberstab in eine Hand kleben.

4 Den Zauberhut und den Mantel mit verschiedenen Sternen verzieren. Hinter dem Kopf des Zauberers das 20 cm lange Papierdrahtstück als Aufhängung anbringen.

DIESES BUCH ENTHÄLT 4 VORLAGENBOGEN

IMPRESSUM

MODELLE: Birgit Karl (Seite 6/7, 10/11 unten, 16/17, 18/19, 20/21, 30/31) und
Gudrun Schmitt (Seite 4/5, 8/9, 10/11 oben, 12/13, 14/15, 22/23, 24/25, 26/27, 28/29)
FOTOS: frechverlag GmbH, 70499 Stuttgart; Fotostudio Ullrich & Co., Renningen
DRUCK: frechdruck GmbH, 70499 Stuttgart

Auflage: 5. 4. 3. 2.
Jahr: 2012 2011 2010 2009 2008 [Letzte Zahlen maßgebend]

ISBN 978-3-7724-3688-8
Best.-Nr. 3688